Liberte-se da Ansiedade

EDITORA EME

Solicite nosso catálogo completo, com mais de 300 títulos, onde você encontra as melhores opções do bom livro espírita: literatura infantojuvenil, contos, obras biográficas e de autoajuda, mensagens espirituais, romances palpitantes, estudos doutrinários, obras básicas de Allan Kardec, e mais os esclarecedores cursos e estudos para aplicação no centro espírita - iniciação, mediunidade, reuniões mediúnicas, oratória, desobsessão, fluidos e passes.

E caso não encontre os nossos livros na livraria de sua preferência, solicite o endereço de nosso distribuidor mais próximo de você.

Edição e distribuição

EDITORA EME

Caixa Postal 1820 - CEP 13360-000 - Capivari - SP

Telefones: (19) 3491-7000/3491-5449

vendas@editoraeme.com.br - www.editoraeme.com.br

Liberte-se da Ansiedade

Severino Barbosa

Capivari - SP
- 2013 -

A Editora EME mantém o Centro Espírita "Mensagem de Esperança", colabora na manutenção da Comunidade Psicossomática Nova Consciência (clínica masculina para tratamento da dependência química), e patrocina, junto com outras empresas, a Central de Educação e Atendimento da Criança (Casa da Criança), em Capivari-SP.

5ª reimp. – agosto/2013 – Do 6.001 ao 7.000 exemplares

CAPA | Abner Almeida
DIAGRAMAÇÃO | Editora EME
REVISÃO | Editora EME

Ficha catalográfica elaborada na editora

Barbosa, Severino, 1942-
Liberte-se da ansiedade / Severino Barbosa. - 5ª reimp. ago. 2013 - Capivari, SP : Editora EME.
136 p.

1ª edição : dez. 2005
ISBN 978-85-7353-333-0

1. Ansiedade - Depressão. 2. Causas e tratamento da ansiedade à luz do espiritismo.

CDD 133.9

Sumário

Introdução

OS ESTUDIOSOS DO COMPORTAMENTO do homem moderno afirmam que um dos males mais graves que afetam o ser humano, na atualidade, é a ansiedade.

Eles definem a ansiedade como incerteza aflitiva, desejo ardente, expectativa angustiante, que em pouco ou longo prazo terminam causando perturbações nas estruturas emocionais dos indivíduos propensos ao mal.

Segundo esses especialistas, a ansiedade sob o controle da vontade e causada por fatores normais da vida é normal. Como, por exemplo, diz Joanna de Ângelis em seu livro *O homem integral*, psicografado por Divaldo Pereira Franco: "Quando se aguarda uma notícia, uma presença, uma resposta, uma conclusão, é perfeitamente compreensível uma atitude de equilibrada expectativa".

Esta é a ansiedade disciplinada pela razão. É normal.

Mas, quando a ansiedade - continua a mentora espiritual de Divaldo - "extrapola para os distúrbios respiratórios, o colapso periférico, a sudorese, a perturbação gástrica, a insônia, o clima de ansiedade torna-se um estado patológico a caminho da somatização física em graves danos para a vida". Esta é a ansiedade doentia. Anormal.

Os especialistas em doenças nervosas concluíram, por meio de observações em pacientes ansiosos, que a ansiedade patológica tem sido a maior causa de gastrites e estas, quando não curadas a tempo, quase sempre terminam em úlceras graves. Isto, porém, não nos causa surpresa, porque, segundo nos ensina o Espiritismo, existe uma estreita relação entre corpo e Espírito, sofrendo o corpo total influência do que se passa no Espírito. Em outras palavras, é o pensamento enfermo pela ansiedade golpeando as áreas sensíveis do estômago.

Ao que se percebe, a ansiedade não apenas atinge o homem dos grandes centros urbanos, mas também (se bem que de forma menos intensa) os indivíduos de todas as comunidades, seja no campo, seja nas cidades.

É que o mundo, em sua globalidade, que parece até estar pelo avesso, vem passando por graves crises em todos os setores da vida social. Em geral, predominam os jogos de interesses, o corre-corre, a competição nos negócios, a ausência de confiança uns nos outros, as disputas pelos primeiros lugares nas Faculdades e nos concursos públicos, as discussões acirradas nas assembleias parlamentares, troca de acusações ácidas entre os casais, por razões diversas; o medo, de modo geral, principalmente a insegurança em decorrência do receio de assaltos, sequestros e ocorrências similares. Quer dizer: toda a sociedade se sente insegura. E todo indivíduo inseguro transfere a insegurança para seu grupo. Não há como negar que essa insegurança também vem se inserindo, sorrateiramente, nos setores religiosos.

Percebe-se (aliás, a questão é mais de sentir) que a sociedade está assombrada, diria mesmo em pânico, mais do que em qualquer outra época do passado. Os fatores perturbadores, que causam insegurança social, crescem assustadoramente. O receio de uns serem surrupiados pelos outros, leva cada criatura (mais por defesa do que por maldade) a ficar sempre de espingarda engatilhada apontando para os semelhantes.

É uma verdadeira lástima!...

Inegavelmente, a atmosfera psíquica inquieta e inquietante do mundo, é alarmante: guerras, ameaças de guerras, conflitos nos lares, nas ruas, nos pequenos e grandes grupos, nas comunidades, nos países; homicídios hediondos, mesmo nos seios das famílias, pais assassinando filhos, filhos atentando contra a vida dos próprios genitores; desprezo aos valores éticos, a desonestidade em todos os setores da vida...

Paralelamente, aumenta a cada dia o índice de mortes no trânsito, além de tragédias e mais tragédias provocadas pelo terrorismo internacional, deixando toda a população mundial em verdadeiro pânico.

Ninguém tem certeza de nada, porque todo mundo se sente inseguro; quase toda gente tentando fugir dos maiores causadores de perturbação - a rotina, o medo, a culpa, o remorso, a tristeza, a angústia, a solidão, a ansiedade e, por outro lado, muitos ainda escravizados à libertinagem, à licenciosidade, também não menos causadores de desarranjos morais e emocionais.

Todos esses fatores de perturbação e desequilíbrios emocionais, aliados ao alcoolismo e às drogas, que muitas vezes constituem fugas daqueles males, podem levar suas vítimas à loucura e ao suicídio. E muita gente, dotada de frágil estrutura moral e espiritual, tem se evadido da vida material por meio da autodestruição. Quer dizer: tentam resolver um problema por meio do suicídio e terminam criando outro mais grave.

Todavia, há de se admitir com o apoio do otimismo evangélico que, se por um lado, a raça humana evidentemente está passando pela fase sombria indicada pelo *Apocalipse*, porque o *karma* do planeta Terra é altamente negativo (poderia ser positivo!), devido ao mau comportamento dos homens, por outro lado, devemos sedimentar a nossa convicção em que, toda escuridão, por mais densa, sempre traz esperanças de claridade; que às noites sucederão os dias, inevitavelmente.

Depois da tempestade, sempre vem a bonança, diz o adágio.

Isto significa dizer, portanto, que Deus acompanha os passos da Humanidade, e que as crises de todos os gêneros, que os homens vêm atravessando, têm sido benéficas para o seu progresso moral e espiritual, dando ensejo a que o mundo terrestre passe do atual estágio, de *planeta de provas e expiações*, que é, para *mundo de regeneração*, e, finalmente, para a condição de *mundo feliz*, como bem afirma o codificador Allan Kardec em *O Evangelho segundo o Espiritismo*, no seu capítulo terceiro: "Há muitas moradas na casa do meu Pai".

É bem verdade que o clima de inquietação e ansiedade que assola o mundo, no presente, resultante dos mais diversificados gêneros de conflitos, porque o homem interiormente ainda vive em permanente estado de guerra, não é de duração perpétua, nem deve ser motivo de desespero, porque Deus permanece na direção da nave terrestre, como de todo o Universo. Mas é verdade também que tal estado de coisas não pode ter efetiva solução num abrir e fechar de olhos.

Devemos convir, no entanto, que a enfermidade já vem de muito longe, e é grave. Logo, a terapia deve ser especial, e a cura somente virá a longo prazo. Porque Deus não permite que a Natureza dê saltos. Porém, jamais devemos esquecer que a cura ou o paliativo de todos os males sociais, morais e espirituais, somente poderá ocorrer através da educação pelo Evangelho, de mãos dadas com o Espiritismo.

Da leitura e reflexão deste *Liberte-se da ansiedade*, o leitor facilmente perceberá que a nossa preocupação é, primordialmente, mudar a visão dos ansiosos. É libertá-los das algemas de antigos e errôneos conceitos educativos, bem assim de preconceitos religiosos arcaicos, vestidos de crendices, superstições e outras crenças que induzem as criaturas a se tornarem cada vez mais emocionalmente inseguras, arredias, tristes, angustiadas e sem gosto para continuarem vivendo.

Procuramos, então, conduzir os ansiosos ao trabalho de mudanças interiores, trabalho que se realiza nas bases da sua personalidade, e induzi-los ao conhecimento de conceitos evangélico-espíritas, levando-os a raciocinar sobre a transitoriedade da vida física, o desapego dos bens materiais, a perderem o medo da morte, porque somos imortais, e, assim, conseguirem a paz verdadeira, que acalma, sossega, aquieta, verdadeiro sedativo para os ansiosos. Para esse mister, também os induzimos ao conhecimento de fatos, lendas, contos, histórias, alguns relacionados com personagens do Evangelho, etc. Tudo, enfim, com objetivos eficazes de curar, senão, pelo menos, aliviar as tensões causadas pelo veneno da ansiedade.

A meta deste modesto livro não é apontar regras mágicas para o tratamento da ansiedade. Não tem esse objetivo. O princípio é o mesmo de sempre, ou seja, aplicar a terapia dos conceitos evangélico-espíritas diretamente sobre a causa, o que, evidentemente, cessará o efeito. A causa, aqui, é a maneira distorcida de vermos o mundo, as coisas e as pessoas. Jamais devemos esquecer isto. O efeito, portanto, é a ansiedade.

Para os que estão esquecidos, devemos lembrar que Jesus deu o valor merecido à visão sadia do Espírito humano. Ele, em suas pregações, dentro e fora de Jerusalém, ensinava: "Se os vossos olhos forem bons, todo o vosso Espírito viverá em luz; mas, se os vossos olhos forem maus, todo o vosso Espírito viverá em trevas".

Jesus foi e será sempre o grande terapeuta das almas sofredoras.

Portanto, passamos com carinho esta obra às mãos do leitor, para o seu deleite espiritual.

Bom proveito, amigo!

Severino Barbosa
RECIFE, novembro de 2005.

Capítulo I

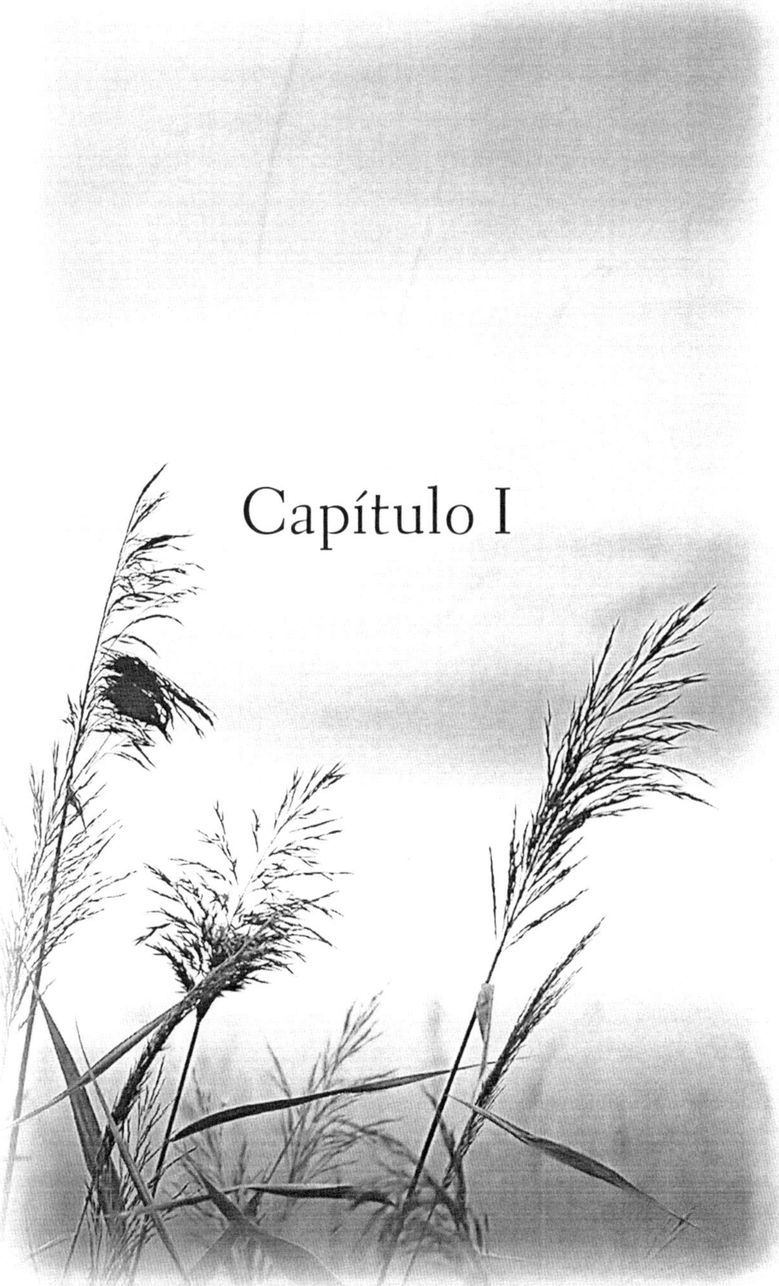

Humilhação

VOCÊ CONTINUA ANSIOSO? Tenha muito cuidado com o mal da ansiedade. Não se esqueça que sua ansiedade não resolve problema algum. Ao contrário, até complica as coisas. Faça planos e execute-os sem permitir que esse mal se intrometa na realização deles. Quando isso acontece, é possível que o insucesso acene para você indicando o sinal vermelho. Mas se você conseguir superar aquele mal, quem lhe apontará o sucesso é o sinal verde. Portanto, aprenda a realizar suas atividades disciplinando o mal da ansiedade.

Embora seja você a vítima, talvez ainda não tenha avaliado as desvantagens da ansiedade. Conta-se que um jovem era fã de um artista. Este se apresentaria naquela noite festiva em um teatro da cidade. A fila para se obter os ingressos era longa. Logo à sua frente encontrava-se uma senhora acompanhada do marido.

O jovem, profundamente ansioso e temendo não encontrar cadeira vazia, debruçou-se sobre a dama, sem nenhuma intenção comprometedora senão a de obter o bilhete mais rapidamente. Porém, o marido, malicioso, de súbito, o esbofeteou. Envergonhado, o rapaz se desculpou. Mas foi tarde demais, pois já havia recebido a humilhação. Conclusão: a ansiedade foi o mal que o levou a tal situação vexatória, que poderia ter sido dominada.

O jovem aprendeu a lição.

Capítulo II

Androides

TALVEZ VOCÊ NEM TENHA PENSADO, mas existem cinco coisas ruins que podem nos fazer muito mal, especialmente aos ansiosos. Antes, porém, abrimos um parêntese para informar ao leitor que, embora sem tantos detalhes, já citamos estes males em nosso livro *Reflexões antidepressivas*. São estas emoções: o medo, a culpa, a mágoa, a solidão, a ansiedade. Você já imaginou que efeitos deletérios esses males podem nos causar?

Vamos analisar um de cada vez.

Admite-se o medo natural como reação do instinto de preservação da própria vida. Esse instinto é característico tanto dos animais irracionais, como dos humanos. Porém, ao lado desse medo real e natural, existe também o medo irreal, imaginário, muitas vezes doentio.

É o medo patológico.

É da escravidão desse fantasma que devemos lutar para sair.

Há até pessoas que, inadvertidamente, procuram sua liberdade através de fugas. Ninguém até hoje conseguiu abater aquele monstro usando esse meio, mas tão somente enfrentando-o e provando a si mesmo que é capaz de superá-lo. E cada vez que você enfrenta uma situação de medo, quer seja real ou imaginário, tornar-se-á mais forte. Depende unicamente de você: escravizar o medo ou se tornar escravo dele.

A culpa. Este sentimento, que "cozinha" o espírito em fogo brando, não deixa de ser uma manifestação da consciência apontando algo errado. Contudo, é possível que aí exista também o exagero.

Senão, vejamos:

Há indivíduos hipersensíveis, devemos convir. Para avaliar se sua culpa é menos grave, razoavelmente grave ou gravíssima, ou se realmente não há motivo para se sentir culpado, é justo que consulte sempre o bom-senso, como suporte psicológico. Se você é bem-intencionado, então está no melhor caminho. Entretanto, se porventura realmente existir motivo para culpa, a solução é você se aceitar como culpado, com humildade, tentar reparar o erro e seguir em frente. E admitir que só os androides não erram. Mas, quando se trata de seres humanos, todos estão sujeitos a erros.

Capítulo III

Solidão

A MÁGOA NÃO É COISA BOA. Ela trabalha em silêncio. É tão perigosa, mas tão perigosa mesmo, que com o tempo expõe o indivíduo a grandes abismos.

Ela nasce sutil, cresce sorrateira e ataca como o mais letal dos répteis. Se não for disciplinada com as regras do Evangelho, transformar-se-á em aversão profunda, inevitavelmente. É a raiz de outros males espirituais. Poderá destruir sua vítima a longo prazo, em pequenas dosagens de emoções mortíferas que envenenam a alma e bloqueiam suas faculdades.

Os Espíritos ensinam que a mágoa, quando transformada em ódio, é contra a lei de amor e caridade.

A solidão, ao que nos parece, é mais um estado de espírito. Tanto que, no meio de uma multidão, você poderá sentir-se o mais solitário dos homens. E em seu lar, se você não desfruta mais do convívio dos seus familiares, poderá ter a sensação de estar no meio de amigos, e seu interior estará festivo. Poderá sentir-se tão bem, mas tão bem mesmo, que muitos desejariam estar em seu lugar.

Entretanto, mesmo que a solidão nos traga prazer - prazer amargo -, o ideal é estarmos em relação com as pessoas, a menos que nos isolemos para estudar e cultivar meditações. Exceto nesses casos, a solidão faz muito mal, porque pode ser filha legítima da depressão. E o indivíduo depressivo freqüentemente busca a fuga da solidão para melhor degustar seus pensamentos doentios.

Na solidão, o indivíduo depressivo, a exemplo dos autistas, vive num mundo todo seu, explora seu universo pessoal de forma muito diferente das pessoas normais. Vemos o bom exemplo do próprio Cristo. Diversas vezes ele se afastou do convívio da multidão, e até mesmo dos próprios discípulos, para, através de orações, estabelecer ligações mais diretas com Deus. E de outras vezes, para retornar às regiões mais sublimes do Espaço, de onde viera.

Jesus de Nazaré jamais esteve solitário. Sua vida foi um exemplo de convivência pacífica. Procurava sempre o convívio de pessoas de todas as espécies de caráter, preferencialmente os pecadores, para as quais legou uma lição imortal: "Eu não vim para os sadios, mas sim para os doentes".

Como poderia doutrinar e curar os males morais das criaturas, se ele permanecesse afastado delas?

Há quem diga que os que fazem opção por uma vida solitária quase sempre buscam a fuga dos egoístas.

Capítulo IV

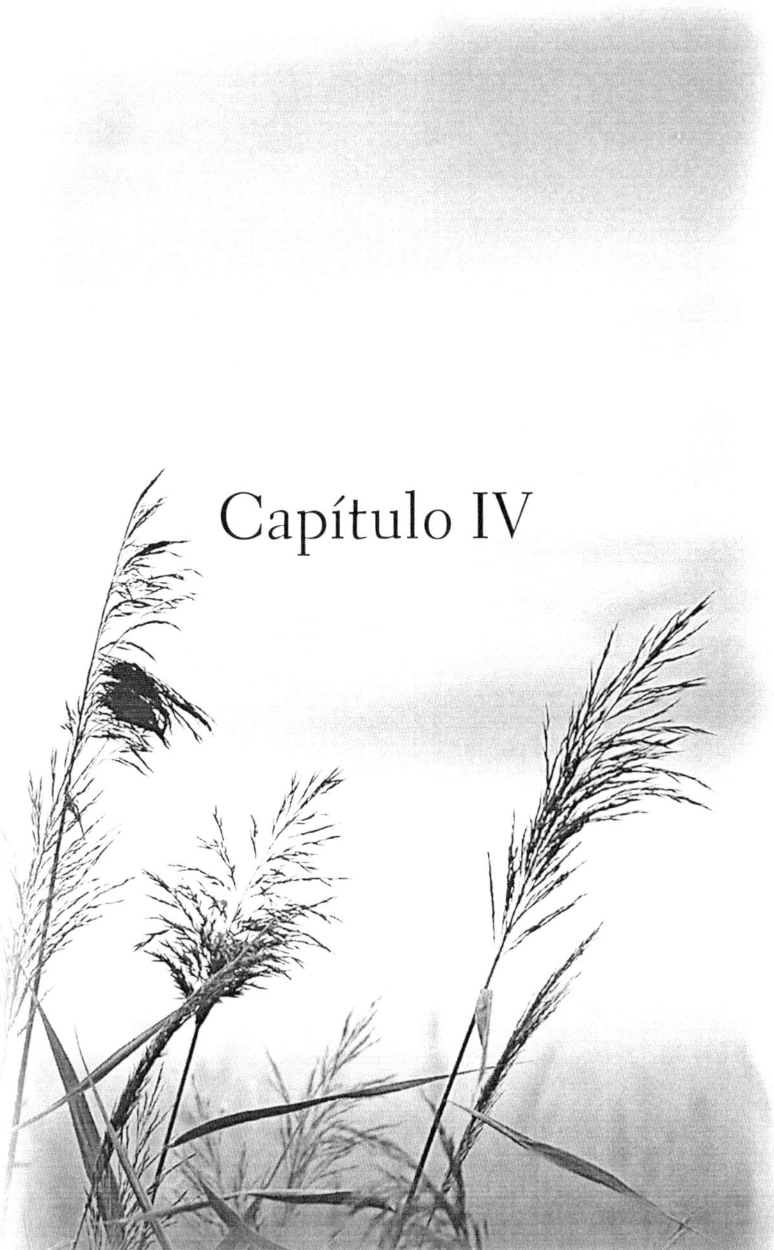

Antídoto eficaz

E, POR FIM, A ANSIEDADE. Caracteriza-se por uma quase que permanente inquietude febril, nascida da expectativa doentia, à espera de uma ocorrência, de um acontecimento, muitas vezes até banal, de algo que talvez ocorra, talvez não[1]. E quando o indivíduo se torna um ansioso crônico, ele próprio se justifica alegando que não é portador de tal veneno emocional. Isto dificulta a autoterapia.

De outras vezes, porém, o ansioso crônico encaminha-se, como mecanismo de defesa, para as fugas. Esses caminhos, que não levam a nada – ao contrário, até complicam as coisas (como já dissemos) –,

1 Parece que o ansioso morre de véspera.

passam a ser portas de entrada para os abusos de toda natureza.

Fugas através dos alcoólicos, da alimentação excessiva, da sexualidade descontrolada, das compras impulsivas (feitas quase sempre sem necessidade). Fugas através da moda, das requintadas festividades sociais, das drogas, do jogo de toda espécie etc.

Enfim, o indivíduo se torna uma criatura portadora de perigosa compulsão. É como se se sentisse vítima de um pesar profundo. E somente buscando refúgio naquelas fugas é que, segundo pensa e sente, poderá se libertar da ansiedade. LEDO ENGANO! O mal se agrava ainda mais...

Como estamos falando em ansiedade, que, segundo a opinião dos estudiosos, é o mal do século, mas preferimos dizer que ele vem acompanhando a Humanidade desde as épocas mais remotas, temos no Evangelho a terapia mais indicada para atenuar seus efeitos tóxicos. E - por que não? - a cura, já que o Evangelho é remédio para todos os males da alma?

Capítulo V

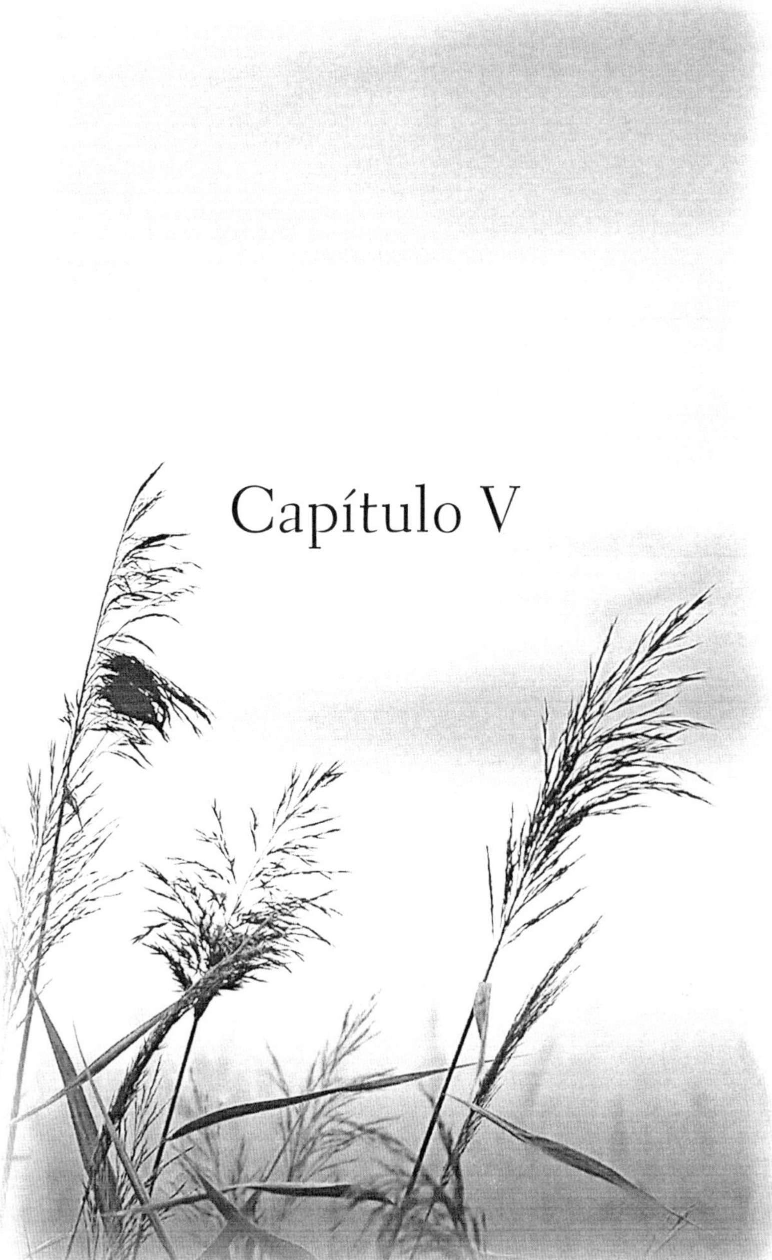

Chico e o artista

VAMOS CONTAR DOIS CASOS. Claro que o leitor vai perceber que nada têm a ver com ansiedade. Porém, com certeza eles ajudarão os ansiosos a mudarem conceitos em relação à vida. É também terapia de apoio.

Conta-se que o médium Francisco Cândido Xavier, quando ainda jovem, foi convidado por amigos para uma festa. Aceitou o convite. Ao chegar ao recinto, percebeu que era uma casa de prostituição.

Ao sentir-se enganado, o médium disse aos amigos que, se soubesse que o convite era para um bordel, não precisavam chamá-lo. Ele iria sozinho. E, de repente, uma das mulheres o reconheceu e disse para as colegas: "Olha, fulana, quem está aqui... É o Chico!..." E acrescentou: "A noite hoje vai ser uma das piores".

No mesmo instante, pediu O *Evangelho segundo o Espiritismo* às colegas, e ali mesmo fizeram uma reunião de estudos, presidida por Chico Xavier. Resultado: a sessão surtiu um efeito tão benéfico, mas tão benéfico, que a casa de prostituição se transformou em Centro Espírita. Como diz o velho adágio, "há males que vêm para bem".

Vamos à segunda história. Conta-se que um artista famoso pintou um quadro retratando a figura de Jesus batendo em uma porta com a mão direita. O quadro estava numa exposição muito concorrida. Todos que paravam para contemplar a requintada obra de arte não se continham em fazer os seus justos elogios.

Aconteceu, porém, que alguém, que se julgava experiente crítico de arte, apontou, chamando a atenção dos presentes. Segundo ele, o quadro tinha um defeito irreparável. A porta não tinha fechadura.

O autor da obra aproximou-se e, como que inspirado, justificou que a porta, na qual batia Jesus, era a porta do coração do homem, que não se abre por fora, mas sim por dentro. E todos os presentes aplaudiram a resposta.

* * * * *

É verdade, como já dissemos acima, que os dois episódios não têm relação direta com a ansiedade. Mas podem servir de forte paliativo, já que os ansiosos, para se libertarem do mal, devem usar todos os recursos construtivos que lhes possam dar nova visão do mundo, das coisas e das pessoas. Poderão mudar seu panorama mental.

Capítulo VI

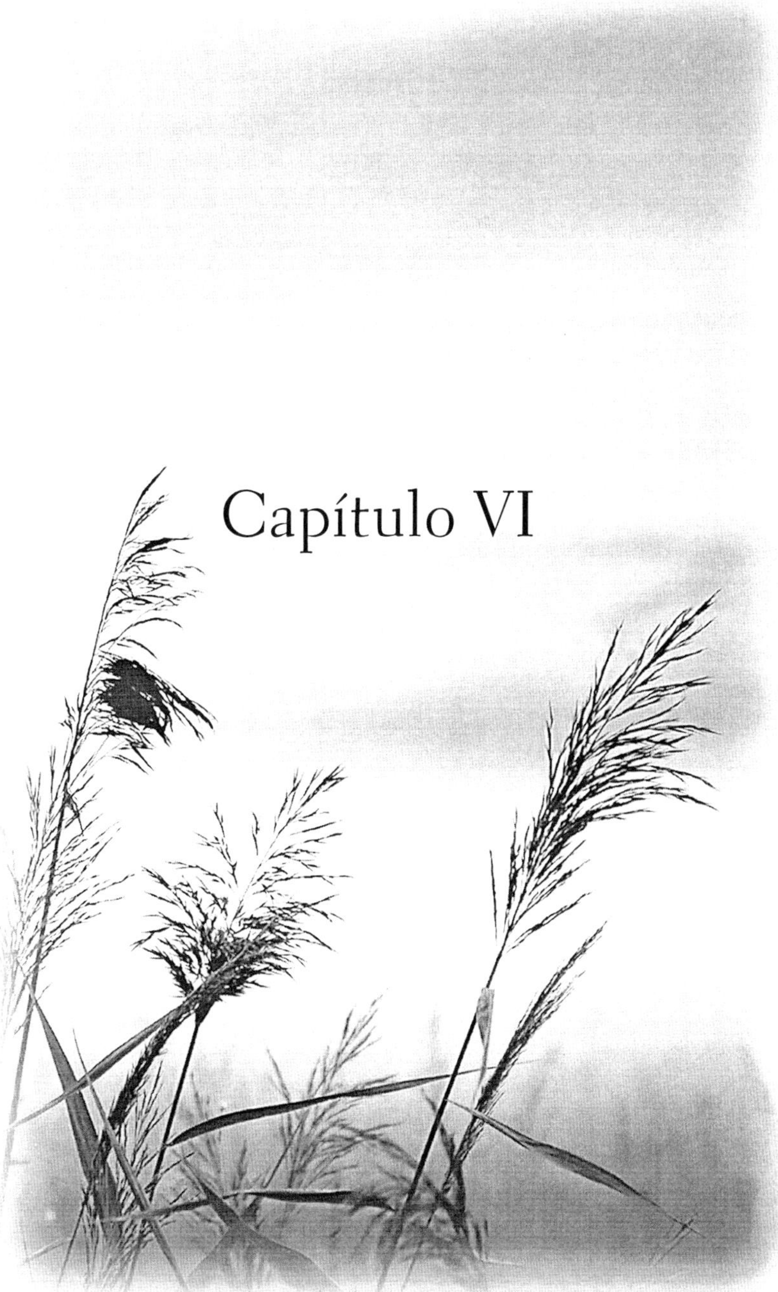

A virtude da paciência (I)

RECORDAMOS QUE UM ESTUDIOSO do comportamento dos ansiosos, certa feita, disse que toda pessoa portadora do mal da ansiedade é vítima da impaciência. Parece até, segundo ele, que o ansioso é impaciente crônico.

Como estamos falando em ansiedade, é bem possível que o homem ansioso talvez nem tenha pensado ainda que, infelizmente, esse veneno mental pode ser motivado pela sua falta de paciência. Ou é a ansiedade que leva à impaciência? De uma forma ou de outra, é bom recordar os conselhos do Espírito Emmanuel em sua mensagem "Se procuras o melhor", no livro *Palavras de vida eterna*, por Chico Xavier.

Claro que todos nós estamos sempre procurando

o melhor. Mas, para isso, segundo o mentor espiritual, "a paciência vive na base de todas as boas obras". Prossegue Emmanuel:

"Acalentarás sublime ideal; contudo, se não tens paciência de realizá-lo...

Sonhas cumprir elevada missão; mas, se não tens paciência de sofrê-la...

Levantarás preciosa instituição; contudo, se não tens paciência de sustentá-la...

Queres a felicidade no lar; mas, se não tens paciência de construí-la...

Planejas belo futuro para teu filho; contudo, se não tens paciência de educá-lo...

Aspiras a determinada profissão; mas, se não tens paciência de aprendê-la...

Sem paciência, os mais altos projetos resultam em frustração. Observa o pomicultor que deseja fruto na árvore.

Primeiro, a paciência de preparar a gleba. Em seguida, a paciência de plantar, de cultivar, de defender, de auxiliar e de esperar a colheita madura.

O tempo não respeita as edificações que não ajudou a fazer."

E finaliza Emmanuel: "Se procuras o melhor, não desprezes a paciência de trabalhar para que o melhor te encontre e ilumine. Em todo caminho, sem paciência perfeita, não há possibilidade de perfeição".

* * * * *

Já que estamos falando em paciência, que, se bem cultivada, poderá reduzir bastante a pressão emocional dos deprimidos e dos ansiosos, podendo até mesmo curá-los, conta-se que de uma feita alguém perguntou ao senhor Pitt, que à época era o primeiro-ministro da Inglaterra, qual a primeira virtude de um estadista, se a energia ou a inteligência.

— Nenhuma destas - respondeu ele, contrapondo em seguida: - A primeira virtude é a paciência.

Capítulo VII

A virtude da paciência (II)

CONTA-SE TAMBÉM QUE OS ESCRITORES Honorè de Balzac e Léon Tolstói eram tão geniais que, num relâmpago, podiam ver diante de si o plano de um volumoso romance. A obra poderia ter 200 mil palavras, até mesmo 500 mil palavras, além de possuir um elenco de cem ou mais personagens. E ser escrita à mão, porque na época em que eles viveram não havia sequer máquina de datilografia, e muito menos computador. Depois de escritos os originais, seus autores faziam no mínimo dez revisões.

Haja paciência! Haja desgaste físico! Haja desgaste mental! Provavelmente, aqueles homens eram dotados de extraordinária capacidade de trabalho, de tal porte que, em se tratando de labor literário, eles trabalhavam e produziam por uma equipe.

Contudo, segundo aquele estadista inglês, alguém poderá perguntar se paciência não é suficiente para a realização de uma megaobra. Ele responderá que, além disso, é preciso uma boa vertente de genialidade. Porém, sem a virtude da paciência, os passos da genialidade não vão muito longe. Disse bem!...

Ele disse, por exemplo, que Picasso era capaz de pintar um quadro de alto valor em apenas algumas horas e se tornar mundialmente famoso. Mas se alguém lhe perguntasse se a obra não lhe tinha tomado muito tempo, ele prontamente responderia que entre pintar e repintar ou retocar centenas de vezes, levaria uns 50 anos!...

Como vemos, o famoso pintor espanhol tinha gênio, mas não conseguiria tal proeza na arte, caso lhe faltasse a virtude dapaciência.

Não poderia deixar de registrar a invejável paciência da norte-americana, de Atlanta, Estado da Geórgia, Margaret Mitchell, a romancista que escreveu a densa obra literária *...E o vento levou*. Com 800 páginas, a autora levou exatamente dez anos para produzi-la. Pense na paciência dessa senhora! Pois, além de escrever os originais e revisá-los diversas vezes, teve ainda o trabalho de organizá-los cronologicamente.

Ela confessou que escreveu o livro na maior desordem, permanecendo os manuscritos espalhados e na maior confusão.

Para os que ainda não conhecem a obra, adiantamos que o livro é o relato histórico da Guerra de Secessão, ou seja, a guerra civil americana entre nortistas e sulistas, com a vitória dos primeiros. As razões do conflito foram, fundamentalmente, os preconceitos raciais. Porém, para ser mais exato, confessamos que realmente não sabemos quem foi mais paciente: se Margaret Mitchell, que escreveu *...E o vento levou*, considerado pela crítica um dos mais gigantescos monumentos literários do mundo, no gênero romance, ou se da tradutora do idioma inglês para o português, já que, segundo declarou a própria autora, a obra é repleta de gírias e modismos dos negros que naquela época habitavam o Sul dos Estados Unidos.

Mais outro exemplo de paciência. Referimo-nos à notável romancista norte-americana, Taylon Caldwel. No prefácio do seu livro *Médico de homens e de almas*, que é a biografia romanceada do apóstolo Lucas, ou Lucano, a autora diz que passou apenas 46 anos escrevendo a obra. Mas, para tal, ela e o marido tiveram de viajar várias vezes a Israel. Além do mais, tiveram de ler mais de mil livros falando sobre a vida do seu biografado. Mais uma vez, haja paciência!...

Capítulo VIII

A virtude da paciência (III)

NÃO CREMOS QUE A VIRTUDE da paciência seja tão fácil de cultivar. Contudo, ao mesmo tempo, voltamos atrás e dizemos que as grandes coisas, as grandes virtudes, as grandes realizações, sobretudo aquelas que têm relação com o nosso interior espiritual, não são fáceis de se conquistar, sendo necessários esforços enormes e sacrifícios realmente cruciantes.

A propósito, não conseguimos esquecer a velha lenda australiana, que nos trouxe bela e inesquecível lição. Ela está contida no romance *Pássaros feridos*, da talentosa escritora australiana Coleen McCullough.

Veja você, que anda depressivo e ansioso: "Existe um pássaro que só canta uma vez na vida, com mais suavidade que qualquer outra criatura sobre a Terra.

A partir do momento em que deixa o ninho, começa a procurar um espinheiro-alvar, e só descansa quando o encontra. Depois, cantando entre os galhos selvagens, empala-se no acúleo mais agudo e mais comprido. E, morrendo, sublima a própria agonia e despede um canto mais belo que o da cotovia e o do rouxinol. Um canto superlativo, cujo preço é a existência. Mas o mundo inteiro para para ouvi-lo, e Deus sorri no céu. Pois o melhor só se adquire à custa de um grande sofrimento...". Pelo menos é o que diz a lenda.

Outro grande exemplo é Chico Xavier.

A paciência de Chico Xavier, em psico-grafar perto de 500 livros, de diversos autores espirituais, além de revisá-los, atender às criaturas necessitadas, a começar cedinho de manhã até tarde da noite. Teve a paciência do profeta Jó. Mas o Chico foi grande em tudo. "As grandes almas - como dizia um sábio - possuem uma força irradiante". O tutelado de Emmanuel, em suas realizações mediúnicas, doutrinárias e assistenciais, foi sempre modelo de ética cristã. Procurando fazer sempre o melhor em prol dos seus semelhantes, ele se encaixava bem nesta frase do apóstolo Tiago (1:4): "Tenha, porém, a paciência e sua obra perfeita para que sejais perfeitos e completos, sem faltar em coisa alguma".

A convivência com o médium Chico Xavier era contagiante. Sua vida, seus hábitos, seu comportamento literalmente cristão, sua sabedoria, suas palavras transmitiam um magnetismo envolvente. Quantas criaturas portadoras de ansiedade crônica, talvez até de fundo obsessivo, no convívio com ele nas atividades do centro espírita que ele presidia, ficaram sadias!...

Capítulo IX

Ociosidade

O CONVÍVIO COM PESSOAS nobres deixa em nós, como saldo, uma influência benéfica e duradoura. Bem dizia o sábio: "As virtudes e os vícios penetram em nossa alma através da conversação e do exemplo das pessoas que conosco convivem".

Dize-me com quem andas, ou revela-me quem admiras, que eu te direi quem és. É o que diz a sabedoria popular.

Agora, recordamos um pensamento que lemos num pequeno calendário e passamos ao leitor: "Da escolha que fazemos dos nossos amigos e companheiros depende, quase sempre, o bom ou o mau juízo que fazem de nós". Um anônimo.

Não temos certeza, mas, às vezes, questionamo-

-nos se a ansiedade natural ou a de fundo obsessivo não têm de alguma forma conexão direta ou indireta com a ociosidade. Alguém poderá até responder que não tem nada a ver. Pode ser que não, mas pode ser que sim. Ocorre, porém, que os problemas espirituais, quase em geral, têm ligações com outros. Aqueles que, muitas vezes, nem sequer suspeitamos. Como similarmente também acontece com as disfunções orgânicas: os sintomas aparecem, mas eles são efeitos que estão conectados a causas que, por sua vez, também se acham relacionadas com outras causas. E assim por diante.

O mundo interior das criaturas é bastante complexo. A intimidade espiritual de cada pessoa somente ela própria e Deus conhecem.

Assim, apenas para reflexão, se a ansiedade tem como fator causal, ou mesmo como fator influente, a indolência, a preguiça crônica, o remédio é o trabalho. E por que o ansioso crônico e o deprimido não procuram, ambos, preencher seu tempo em atividades sadias para o corpo e o Espírito?

Pensando bem, pode-se até dizer que o trabalho é uma bênção, do mesmo modo que a ociosidade é uma espécie de maldição. Os antigos hebreus diziam: "Levanta-te e trabalha, e o Senhor seja contigo". O provérbio toscano, porém, não ficava atrás: "Trabalha como se te fosse preciso viver para isso; e reza, como se devesses morrer hoje mesmo".

Os antigos romanos diziam que a preguiça nunca

construiu coisa alguma. Ela é um ópio que degrada os indivíduos e as nações. É veneno para o corpo e para a alma. Leva o homem à inutilidade, ao descontentamento, à depressão, à melancolia e à ansiedade. Acrescentaríamos que por trás da marginalidade - quando desviada para os diversificados meios de posse do alheio, através de roubos, assaltos, sequestros e coisas do gênero - dorme a preguiça como causa. Parece mesmo que ela, se não é a mãe de todos os males, pelo menos é matriz de quase todos. É o que diz o bom-senso.

Fala-se que Plínio, o moço, um dos mais célebres escritores da antiga Roma, em seus lances intuitivos, já dizia que o ócio, o luxo e a devassidão foram os principais motivos da decadência e queda do Império Romano. Evidentemente, essas três causas também são válidas para os indivíduos, para os grupos, para as pequenas e grandes comunidades. Porque onde não há trabalho, disciplina dos gastos e respeito mútuo, as coisas desandam e, no final, nada dá certo.

Para quem tem pelo menos razoável alcance do sentido das coisas, facilmente perceberá que o trabalho, além de ser uma disciplina, também educa o caráter. E pode-se até dizer que, se ele mesmo nada produzir, é bem melhor que não fazer nada.

Um sábio da antiga Grécia, que se dizia inspirado pelos deuses, pregando para uma multidão de jovens atenienses, dizia que a pior coisa que o homem pode fazer é não fazer nada. Disse bem!...

Dizem que existem os sete pecados mortais. Se realmente existem, é até para se dizer que a preguiça é um deles.

Capítulo X

Terapia do trabalho

COMO ESTAMOS FALANDO sobre os sete pecados capitais, não vamos perder tempo e saliva questionando se eles existem ou não. Porém, diríamos que, se realmente existem, estão relacionados aos sete "as". Senão, vejamos: a preguiça, a mentira, a ira, a inveja, a má vontade, a calúnia, a hipocrisia.

Vocês já imaginaram uma criatura reunindo essas sete imperfeições?... O que tal pessoa seria capaz de fazer, convivendo em grupos sociais? Seria desastroso, com certeza. E no entanto, se nos lembrarmos da postura ética do Evangelho, quem se atreveria a condená-la? Tal condenação provavelmente também nos atingiria, porque, se consultarmos a nossa consciência, ela certamente apontará o dedo para nós e responderá que temos algumas delas. Talvez, todas. E agora, José?!... (como questiona o poeta).

Mas, enfim, que remédio nos seria indicado para a cura daquelas mazelas do caráter? A terapia seria os antídotos daqueles males. Por exemplo: A terapia da preguiça é o trabalho. A da mentira, a verdade. A da ira, a brandura. A da inveja, o desprendimento. A da má vontade, a boa vontade. A da hipocrisia é a sinceridade. A da calúnia, a caridade cristã: cala-te, se dizes alguma coisa que não valha mais que o silêncio, como dizia o grego Pitágoras.

Prosseguindo em nossas reflexões sobre a ansiedade, diria que o homem ansioso talvez nem sequer experimentou desfrutar dos talentos dispensados por Deus em seu favor. A sua capacidade receptiva em relação aos talentos, com certeza é o reflexo da passagem evangélica em que Jesus, ilustrando os seus ensinamentos com parábolas, disse: "E a um deu cinco talentos; e a outro, dois; e a outro, um, a cada um segundo a sua capacidade". (Mateus, 25:15).

O espírito Emmanuel, em seu livro *Palavras de vida eterna*, comentando a parábola dos talentos, diz: "Passa o rio dos dons divinos em todos os continentes da vida, contudo, cada ser lhe recolhe as águas, segundo o recipiente de que se faz portador".

Realmente. Embora Deus conceda abundantemente a todos os Seus filhos, a medida de recepção de cada um é infinitamente variável, correspondendo assim ao merecimento, e este, portanto, é relativo ao grau de evolução do Espírito. Essa a razão de cada filho não receber a mesma quantidade de dons ou talentos.

Agora, a lição maior do guia espiritual de Chico Xavier: "Se te afeiçoas, assim, aos ideais de aprimoramento e progresso, não te afastes do TRABALHO que renova, do ESTUDO que aperfeiçoa, do PERDÃO que ilumina, do SACRIFÍCIO que enobrece e da BONDADE que santifica...".

A ansiedade, considerada um dos males mais antigos, e que escraviza uma boa parte dos homens, possivelmente poderá tornar-se impotente ante as sete maravilhas do homem equilibrado. Elas, se bem cultivadas, podem trazer considerável paliativo aos ansiosos.

Vejamos: a paciência, o perdão, a prudência, a renúncia, a caridade, a humildade, a paz de consciência.

Capítulo XI

Tristeza

AO MESMO TEMPO EM QUE o ansioso cultiva as "sete maravilhas" do seu mundo moral, não deve permitir que as ervas daninhas da TRISTEZA, do PESSIMISMO e da ANGÚSTIA façam moradia em seu Espírito.

Por falar em tristeza, sentimento que consideramos devorador, porque, se não receber terapia adequada, poderá abalar as estruturas da nossa personalidade, recordamos uma bela história da época do Cristianismo primitivo, que se passou com o Apóstolo Pedro.

Conta-nos o Espírito Humberto de Campos (Irmão X), no livro *Ideias e ilustrações*, pelo lápis de Chico Xavier, que Simão, apelidado de Pedro, por Jesus, depois de muitos dias servindo aos necessitados estava bastante cansado. Com as nossas próprias palavras, fizemos um resumo.

Ao atender a leprosos, cegos, paralíticos, obsidiados de toda natureza, velhos, mulheres e crianças esquálidas, queixava-se porque, ao invés de receber a aprovação de todos, ouvia insultos e indiretas.

Sentindo-se estressado, decidiu isolar-se em sítio acolhedor, afastado da capital Jerusalém. Ao despontar do crepúsculo, sob o arvoredo e diante das águas cristalinas de um poço raso, o apóstolo refletia. E de repente, inesperadamente, ele percebeu a aproximação de alguém. Seu primeiro ímpeto foi esconder-se, mas se sentia procurado. Era o próprio Jesus de Nazaré. Estabeleceu-se entre ambos o diálogo:

— Simão, que fazes aqui isolado?

— Penso, meu Senhor.

— Por que estás tão triste?

— Porque as mesmas criaturas a quem fiz benefícios chamam-me ladrão.

— A tua consciência te acusa?

— Em nada, Senhor.

— Então, Pedro, não te preocupes!

— Estou muito triste e infeliz, Mestre - continuou o dileto apóstolo. - Em nome do amor que me ensinas, alivio as aflições dos que me procuram e atendo às necessidades materiais dos mais fracos. Todavia, em troca só recebo injúrias e calúnias. Chegam a dizer que exploro a confiança do povo. Ontem mesmo, Senhor, distribuí grande quantidade de mantos doados por um rico comerciante... Dizem, sem o menor respeito a mim, que roubei a metade. Isso fere, golpeia, cansa e desestimula...

Jesus de Nazaré, ouvindo pacientemente as lamentações de Simão Pedro, perguntou-lhe:

— Que destes aos sofredores e necessitados?

— Dinheiro, roupas, mantos, unguentos, trigo, peixe e outras coisas mais - respondeu o apóstolo.

— E de onde recebestes tudo isso?

— As moedas, Senhor, foram doadas por Joana, a mulher de Cusa.

— E as roupas?

— Vieram do curtidor Zobalan.

— E os mantos?

— De Carpo, o rico romano.

— Os unguentos?

— Foram ofertados por Zebedeu.

— O trigo?

— Das ricas propriedades de Zaqueu, que sempre nos ajuda.

— E os peixes?

— Da minha pesca...

— E daí, Pedro? - Indagou o Mestre.

— E o que devo entender, Senhor?

— Que distribuíste apenas o que recebeste, e o fizeste com amor. Lembra-te que o amor não relaciona calúnias nem sarcasmos.

O venerável apóstolo, de cabeça erguida, com novo ânimo, fixou o olhar em seu Mestre e permaneceu silencioso. Jesus o abraçou e sussurrou-lhe:

— Pedro, todos os bens da vida podem ser transmitidos de mão em mão, mas todo patrimônio da Terra vem de Deus e pertence ao Criador, que apenas nos empresta. - E encerrou:

— E, se algo podemos dar de nós, o amor é a única dádiva que podemos fazer, sofrendo e renunciando por amar...

Simão Pedro, num gesto de humildade e satisfação, beijou as mãos do seu Mestre e conversaram alegremente sobre os trabalhos de ajuda aos necessitados, que realizariam no dia seguinte.

Capítulo XII

Coragem

DIZEM QUE AS PESSOAS ansiosas também são medrosas, derrotistas e indecisas. São, realmente, três pontos negros do caráter que constituem motivos de desconforto e insucessos, tanto na vida pública, como na vida privada dos indivíduos. Os indecisos planejam muito, especulam bastante e, quando decidem, quase sempre escolhem o errado. Os derrotistas dificilmente alcançam o êxito das coisas, porque antes de chegar lá, já se sentem derrotados. Os medrosos, estes são os piores. Parece que quando desejam provar a si mesmos que não são medrosos, e sim corajosos, caem a tal ponto no abismo do exagero, que se tornam violentos. Isto é muito perigoso.

Tão somente à guisa de ilustração, gostaríamos

de apontar alguns exemplos de homens realmente corajosos. Foram verdadeiramente valentes, mas sem armas e sem fazer uso de agressões físicas. Eles souberam cultivar a coragem moral.

Os moralistas definem os homens de coragem, justamente aqueles que especulam a verdade e a propagam na frente de reis, rainhas e multidões; aqueles que têm a dignidade de ser justos e honrados; aqueles que são capazes de resistir às mais rudes tentações; aqueles que, mesmo diante dos irresponsáveis, são capazes de cumprir com seus deveres; aqueles que, por sabedoria, sabem manter-se com a língua presa, por necessidade, para não humilhar seus semelhantes.

Comenta-se que Sócrates, o luminar da filosofia grega que viveu há cerca de cinco séculos antes do Cristo, foi condenado, aos 72 anos de idade, a beber cicuta (veneno), porque seus ensinamentos filosóficos contrariavam frontalmente as doutrinas mitológicas da sua época. Em processo formalizado, ele foi acusado de corromper a juventude ateniense e induzi-la a desacreditar da religião tradicional e a desprezar os deuses do paganismo, juntamente com todo o seu séquito de superstições, crendices, sacerdócio organizado, rituais e cultos exte-riores.

O sábio da antiga Grécia, diante dos juízes, teve a intrepidez de dizer, olhando-os nos olhos: "Chegou agora o momento de nos separarmos - eu para morrer, e vós para viver; mas qual de nós tem o melhor destino? - Ninguém o sabe, senão Deus". E expirou, ensinando a imortalidade da alma e a reencarnação. Sua vida foi um exemplo de valentia moral, porque teve a coragem de afrontar a tirania dos magistrados que o condenaram, como também a tirania do povo que não o podia compreender.

Fala-se que o reformador italiano, Giordano Bruno, a exemplo de outros grandes homens que fram perseguidos por suas ideias, foi queimado vivo em Roma. A causa da sua perseguição e morte foi sua filosofia contrariando os dogmas da Igreja Católica. À Inquisição reunida, quando os juízes, sem dó nem piedade, o sentenciaram à fogueira, Bruno disse-lhes com altivez: "Tendes mais receio de pronunciar a minha sentença, do que eu em recebê-la".

Parece que mais grave aconteceu a Galileu. Como cientista de renome, relativamente à sua época, as suas observações e pesquisas no campo da astronomia, principalmente no que diz respeito ao fato de que os planetas giram em torno do Sol, contrariou de frente a velha teoria da Igreja, de que o Sol gira em torno dos planetas.

A nova teoria do astrônomo Galileu foi considerada uma heresia. Ele foi denunciado pelos padres mais influentes e intimado pela Inquisição para comparecer a Roma. Aos 70 anos de idade, foi preso, torturado e submetido a outras humilhações. Não foi assassinado porque se retratou. Entretanto, algum tempo depois, faleceu, e foi perseguido pela Igreja até após a morte, pois o papa negou-lhe uma sepultura.

Esse episódio da vida de Galileu foi marcado por um acontecimento pitoresco. Conta-se que ele, após se retratar diante das autoridades do clero, ao pisar os primeiros degraus de saída do templo, olhou para o papa e disse: "...E, no entanto, a verdade é que os planetas giram em torno do Sol." Disse a verdade.

Eis aí, pois, a força de um grande caráter.

Não sabemos porque a religião tradicional sempre se opõe às novas descobertas científicas. Seria o medo de ser desmentida e, portanto, cair no ridículo do descrédito?...

Capítulo XIII

Verdade

FALA-SE TAMBÉM QUE O FRADE alemão Martinho Luthero, o grande reformador, desde que publicamente se posicionou contra a Igreja Católica, porque esta comercializava as indulgências, e daí a cisão, para depois surgir o Protestantismo, passou a sofrer perseguições diversas. As possibilidades de ser queimado vivo pela Inquisição aumentavam dia a dia. E ele próprio estava consciente dessa crueldade.

Dizem os seus biógrafos que certa feita, ao ser citado pelo Imperador a comparecer em Worms, Alemanha, para se defender das acusações de heresia, poderia mandar advogado, mas não o fez. Preferiu ir pessoalmente, muito embora as pessoas o advertissem de que poderia perder a vida e que o mais certo seria fugir. "Não" - disse ele - "Prefiro ir, ainda que lá encontre tantos diabos como há telhas no telhado".

E entretanto, antes do interrogatório, um soldado pôs a mão sobre o seu ombro e disse-lhe que se havia metido numa situação muito difícil. Mas havia tempo de sair dela. Luthero, porém, com a impetuosidade que lhe era peculiar, respondeu que estava disposto a defender a sua Bíblia e sua consciência.

O imperador, na frente de todos os presentes, ao exigir que Luthero se retratasse, ouviu-o responder com altivez: "Senhor, enquanto eu não estiver convencido do meu erro, pelo testemunho da Escritura, ou pela evidência manifesta, nem posso, nem quero retratar-me, porque nunca devemos obrar contra a nossa consciência. Esta é a minha profissão de fé, e não deveis esperar outra coisa de mim. Eu aqui estou; não posso obrar de outra maneira. Deus me ajude!" O próprio Imperador passou a admirá-lo ainda mais.

Conta-se mais que tempo depois, ao ser ele perseguido pelos seus ferrenhos adversários, em Ausburgo, disse com toda a energia de um homem valente e honrado que, se tivesse quinhentas cabeças, estaria disposto a perdê-las , mas não se retrataria ante os seus artigos de fé.

Como vemos, os grandes homens, em defesa do que julgam ser verdade, não temem a morte.

Escutamos certa vez alguém dizer que o desassombro intelectual é um tesouro espiritual de tanto valor, mas de tanto valor mesmo, que ele constitui uma das mais fortes colunas do caráter.

A mesma pessoa, em sua análise, avaliando as qualidades do verdadeiro caráter, chegou a dizer que o homem jamais deve ter medo de se mostrar como é realmente, e não apenas ser de aparência. Que deve cultivar suas próprias faculdades; exprimir seus próprios pensamentos e sentimentos e, acima de tudo, ter a coragem de manifestar suas próprias opiniões e formar suas convicções.

Disse mais. Que quem não consegue ter opiniões próprias, não passa de um covarde; quem não tem vontade própria é um preguiçoso; e quem sempre diz que não pode, mesmo diante de um universo de possibilidades, não passa de um tolo.

E diríamos que são tolos todos aqueles que se comportam do mesmo modo.

* * * * *

Falando da intrepidez de caráter dos homens notáveis, não poderíamos olvidar a invejável postura moral do apóstolo Paulo de Tarso. Na divulgação do Cristianismo, ele foi realmente grande, valoroso, estoico, e, sem sombras de dúvidas, pode-se dizer que ninguém o superou, porquanto sua personalidade pode se associar ao que já dissera o sábio norte-americano, John Pym: "Os homens devem ser verdadeiros pelo amor da verdade". Foi mais além: "Prefiro sofrer por dizer a verdade, do que fazer sofrer a verdade com o meu silêncio".

Assim foi o apóstolo e defensor dos gentios.

A honradez intelectual daquele ilustre republicano, John Pym, conquistou reputação tal que, mais uma vez, é de bom alvitre registrar aqui a lucidez das suas ideias: "Quando as convicções de um homem se formaram honra-damente, depois de todas as considerações, é justo que procure por todos os meios legítimos convertê-las em ações. Há certas ocasiões na sociedade e nos negócios" - acrescenta - "em que o homem está obrigado a falar alto, porque o calar-se seria não só uma fraqueza, mas também um crime".

O Sr. John Pym encerra: "Os grandes males não têm às vezes outro remédio senão a resistência; não se pode vencer com lamúrias, mas devem ser combatidos."

Como se conhece a árvore pela qualidade dos seus frutos, não é difícil reconhecer a grandeza de caráter daquele republicano.

Capítulo XIV

Profilaxia do Evangelho

NOSSOS MALES, QUER SEJAM espirituais, morais, físicos, financeiros ou de outros gêneros, não podem ser solucionados através de fugas ou queixas. Isso só nos traz complicações. Diante desses empeços, que naturalmente não passam de provações, devemos nos comportar de forma madura, corajosa, sensata, como autênticos cristãos.

Referindo-nos ainda aos indivíduos portadores do mal da ansiedade, parece que eles, por conta mesmo do fato de serem ansiosos, podem às vezes chegar bem próximo dos abismos do desespero e da rebeldia que, por sinal, não deixam de ser outras formas disfarçadas de fugas. E assim, tão somente complicam a situação, porque a ansiedade é uma doença do espírito e não do corpo, sendo, portanto, tratável e curável, tanto quanto as enfermidades da matéria.

O desespero e a rebeldia são duas bactérias espirituais muito perigosas. Quando elas se tornam amigas íntimas da ansiedade, o ansioso terá de se reabastecer de energias morais para combater não apenas um inimigo, mas agora três: a ansiedade, o desespero e a rebeldia. E, no final, o desgaste.

Como o ansioso se acha frente a frente com males espirituais, não pouparia energia permitindo-se envolver nas meditações evangélicas?... Não seria o Evangelho, bem refle-xionado, a cura e a profilaxia para todos os males do Espírito?... Não estaria Jesus, o Cristo, com razão ao dizer "Eu sou o Caminho, a Verdade e a Vida"?, "Que buscais"?, "Pedi e obtereis!"?; "Batei e abrir-se-vos-á"?; "Buscai e achareis"?

Que belas e substanciosas passagens do Evangelho!

Vamos recordar um pouco a figura do cego de Jericó? A narrativa é de Lucas (18:41):

Diz o evangelista que o cego andava mendigando pelos caminhos, quando de repente se deparou com Jesus acompanhado dos seus diletos discípulos. Quando lhe disseram que era o Cristo e, sentindo a aproximação deste, passou a gritar, implorando misericórdia. As rogativas eram tão importunas, que as pessoas presentes se irritaram. Tentaram até impedi-lo, advertindo-o calasse as súplicas. Mas Jesus, paciente e compreensivo, aproximou-se dele, ouviu as suas solicitações e perguntou com amor: "Que queres que te faça?" E o cego, sentindo por intuição que estava frente a frente com o Mestre, e não desejando outra coisa senão a sua cura, respondeu com toda a sinceridade: "Senhor... Que eu veja!"

E o cego de Jericó passou a ver. E agradeceu ao Senhor do fundo do seu coração.

Percebe-se que o encontro daquele pedinte com Jesus de Nazaré foi bastante significativo.

Jesus, como eterno dispensador dos bens divinos, não somente lhe restituiu a visão material, mas também e principalmente dilatou-lhe a visão espiritual para a compreensão da própria vida. Daquele momento em diante, o cego não andaria mais na escuridão material e enxergaria espiritualmente bem melhor. É bem provável que o Mestre, aproveitando o ensejo do diálogo, lhe tenha advertido tivesse cautela para não cometer novos pecados, para não ter que expiá-los em futuras reencarnações.

Diante desse quadro evangélico, envolvendo o cego de Jericó, dá até para refletir...

Em alguns momentos da nossa vida será que não estamos na mesma situação do cego de Jericó? Não apenas esmolando a Jesus a graça da visão do corpo, mas sobretudo uma visão mais ampla do mundo, das coisas, das pessoas e da própria vida?

Será que com essa visão não conseguiríamos nos curar da depressão, da ansiedade, do orgulho, da vaidade, do egoísmo, do ciúme, da inveja e demais imperfeições que adoecem nossa alma, perturbada e ávida de paz há milênios?

Não devemos esquecer que há pessoas que, por possuírem uma visão altamente deformada do mundo, infelicitam a sua própria vida.

Capítulo XV

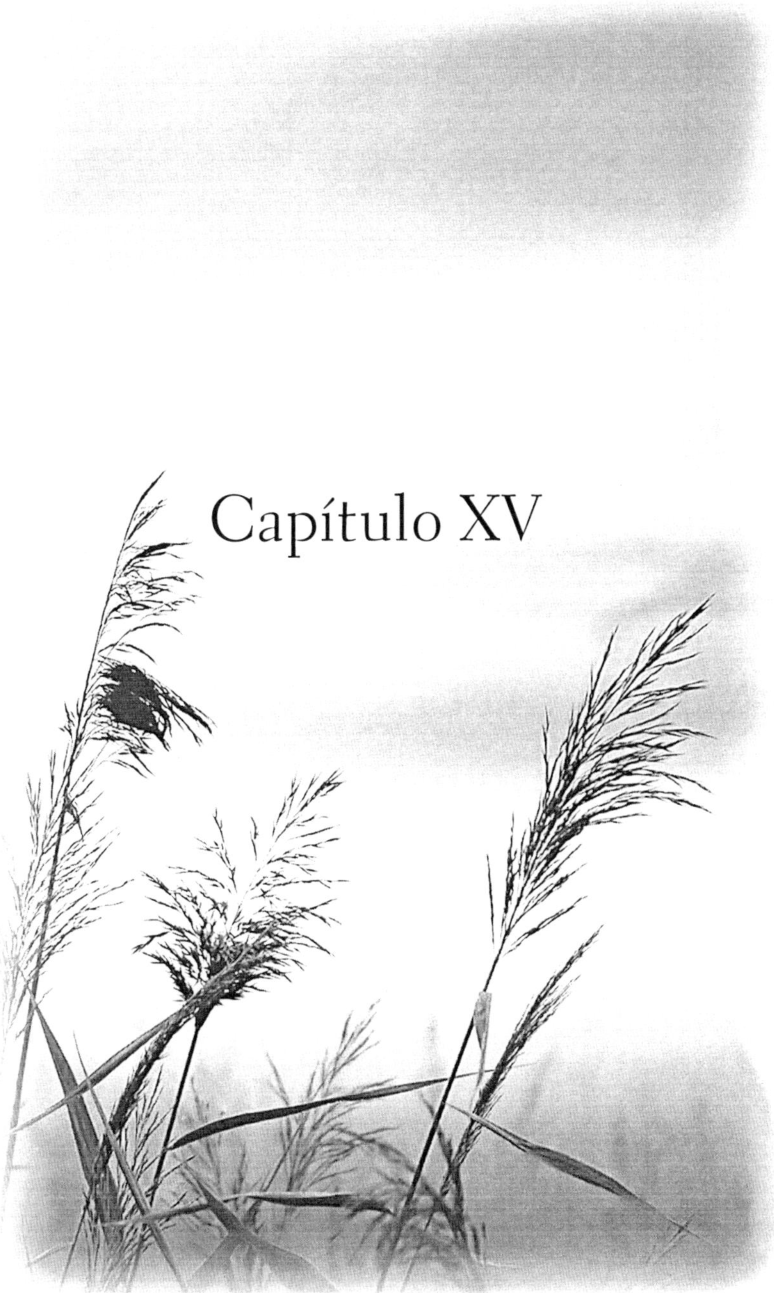

Dificuldade

AGORA RECORDAMOS – E JÁ FAZ um bom tempo – uma senhora muito ansiosa, que se queixava das dificuldades, alegando que tudo em sua vida só dava errado. Por coincidência havíamos recebido uma mensagem (em duas vias) psicografada por Chico Xavier, do espírito Albino Teixeira. Como somos obedien-tes ao preceito "dai de graça o que de graça recebestes", passamos a mensagem àquela senhora e a transcrevemos abaixo.

O que mais sofremos:

"O que mais sofremos no mundo não é a dificuldade. É o desânimo em superá-la.

Não é a provação. É o desespero diante do sofrimento.

Não é a doença. É o pavor de recebê-la.

Não é o parente infeliz. É a mágoa de tê-lo na equipe familiar.

Não é o fracasso. É a teimosia de não reconhecer os próprios erros.

Não é a ingratidão. É a incapacidade de amar.

Não é a própria pequenez. É a revolta contra a superioridade dos outros.

Não é a injúria. É o orgulho ferido.

Não é a tentação. É a volúpia de experimentar-lhe os alvitres.

Não é a velhice do corpo. É a paixão pelas aparências.

Como é fácil de perceber, na solução de qualquer problema, o pior problema é a carga de aflição que criamos, desenvolvemos e sustentamos contra nós".

Nunca vi tanta sabedoria em uma única mensagem!...

Agora, vamos listar as palavras de cada frase acima que exprimem os males que infelizmente ainda se enraízam em nossas almas.

DIFICULDADE - O mal é o desânimo.

PROVAÇÃO - O mal é o desespero.

DOENÇA - O mal é o pavor.

PARENTE INFELIZ - O mal é a mágoa.

FRACASSO - O mal é a teimosia.

INGRATIDÃO - O mal é a incapacidade de amar.

PEQUENEZ - O mal é a revolta.

INJÚRIA - O mal é o orgulho.

TENTAÇÃO - O mal é a volúpia.

VELHICE - O mal é a paixão pelas aparências.

É inegável que existem determinados males, dos quais ninguém pode estar totalmente livre de ser acossado por eles, sobretudo se somos obrigados, por força da profissão ou por qualquer outra circunstância, a conviver em certos ambientes da vida social. Todo mundo sabe que convivência é muito difícil.

No entanto, sem a convivência, quer seja em grupos e comunidades, quer seja em família, é quase impossível dar um bom polimento em nossa imagem interior. Também não se pode progredir em termos morais e intelectuais, já que o relacionamento dos homens uns com os outros é uma exigência da Lei da Natureza. Ninguém evolui isolado.

Mas há - e todo mundo está bem consciente disso -, certas atitudes nossas que podem ser disciplinadas pelas regras da boa educação, embora muitas vezes as esqueçamos e façamos o contrário, atropelando-as a cada passo. Porém, o mais importante é que já estamos conscientes dos nossos erros. É princípio de humildade.

É inegável também que, em certas ocasiões, há pessoas que atravessam nosso caminho, cujas atitudes e comportamentos nos golpeiam de tal maneira, que parecem ter sido mandadas exclusivamente para nos insultar. Parece mesmo um teste de paciência e tolerância. Quando isso acontece - e à vezes ocorre com frequência -, estragamos o nosso dia. Não é verdade?!...

Fomos vítima disso recentemente. Lembramo-nos então do livrinho *Agenda cristã*, do espírito André Luiz, pelo lápis mediúnico de Chico Xavier. Folheamo-lo e, de repente, deparamo-nos com o capítulo 38, cujo título é "Não estrague o seu dia".

A mensagem renovou-nos de tal forma e nos fez tanto bem, que passamos aos ansiosos.

Diz André Luiz: "A sua irritação não solucionará problema algum. As suas contrariedades não alteram a natureza das coisas. Os seus desapontamentos não fazem o trabalho que só o tempo conseguirá realizar. O seu mau humor não modifica a vida. A sua dor não impedirá que o Sol brilhe amanhã sobre os bons e os maus. A sua tristeza não iluminará os caminhos. O seu desânimo não edificará a ninguém..."

E prossegue o autor: "As suas lágrimas não substituem o suor que você deve verter em benefício da sua própria felicidade. As suas reclamações, ainda mesmo afetivas, jamais acrescentarão nos outros um só grama de simpatia por você.

"Não estrague o seu dia. Aprenda, com a sabedoria divina, a desculpar infinitamente, construindo e reconstruindo sempre para o Infinito Bem".

Agora, veio-nos à lembrança um senhor que tinha o mau hábito de se lamentar quase que todas as 24 horas do dia. Além de se queixar da vida, considerando-a uma lástima, às vezes também se vangloriava da sua sabedoria matuta. Falava mais do que os camelôs nas feiras do interior. Foi, então, que lhe ofertamos um pensamento do filósofo francês Jean Jacques Rousseau: "As pessoas que sabem pouco, falam muito; as que sabem muito, falam pouco".

A coisa funcionou. Ele, que não queria ficar com a pecha de ignorante, e percebendo que as lamúrias nada resolvem, às vezes até dificultam, não se corrigiu totalmente. Mas melhorou consideravelmente.

* * * * *

Porém, uma vez ou outra, ficávamos a meditar sobre a situação daquele cidadão. Se suas queixas constantes fossem direcionadas para um seu desafeto, com certeza seu mau pensamento feriria a vítima tanto quanto uma bala disparada contra o seu corpo.

Capítulo XVI

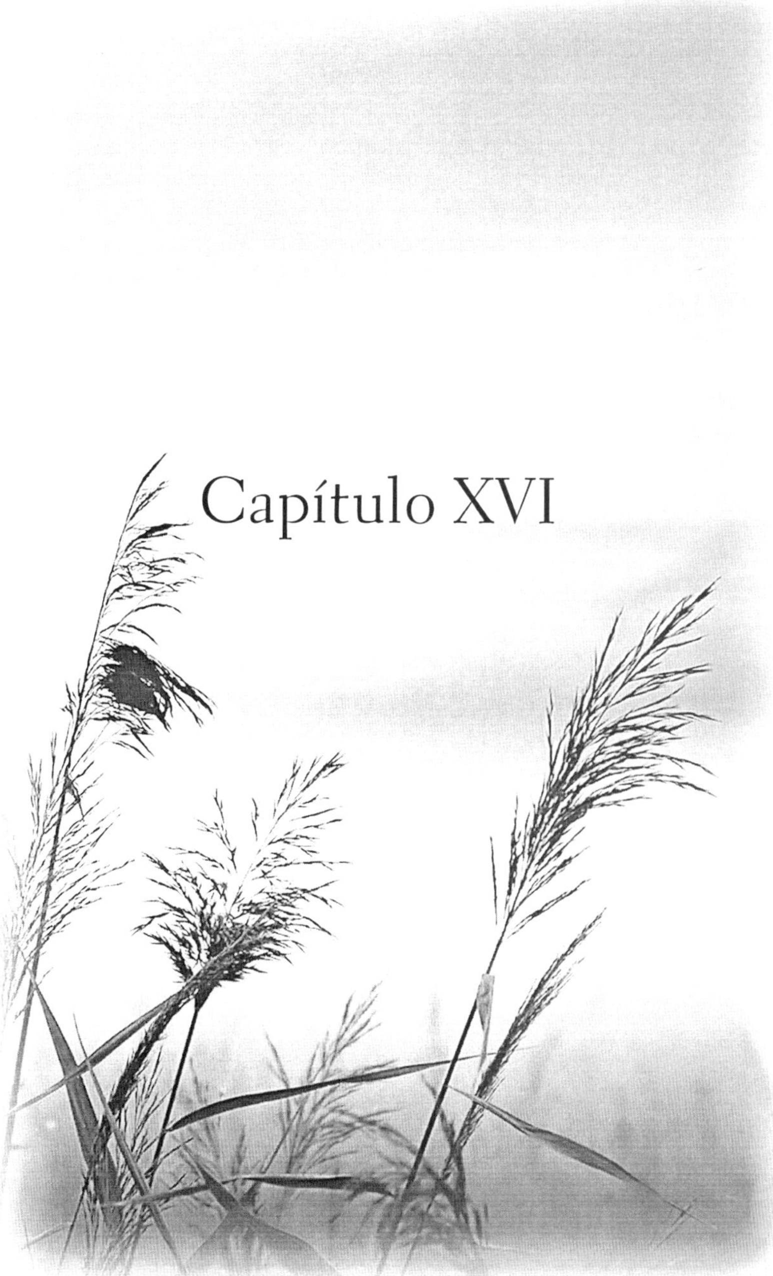

Queixumes

AS CRIATURAS QUE ESTÃO SEMPRE se queixando contra tudo e contra todos são pessoas infelizes, desencontradas, intrigadas com elas próprias. O seu mundo interior é muito complicado. Como elas são cofres de problemas, pensam que os problemas reais que as cercam, bem como os imaginários, não têm solução.

Para tais pessoas, eternamente insatisfeitas, damos de presente as palavras sábias do escritor americano Norman Vicent Peale: "Acredite que há sempre uma solução para todos os problemas. Mantenha-se calmo. A tensão impede o fluxo da força do pensamento. Seu cérebro não pode funcionar eficientemente debaixo de tensão nervosa. Ataque serenamente seus problemas".

Tem razão o ilustre escritor norte-americano. Ninguém consegue resolver problemas envolto nas brumas da tensão nervosa. O sangue frio traz muita vantagem. Sem a calma, vem o desespero. Tensos, nervosos, desesperados, neste lamentável estado psicológico, a tendência é tentar resolver o problema e, infelizmente, criar outros, talvez até mais graves.

Tensos, nervosos, desesperados. Você já pensou? Este deplorável estado de espírito pode nos levar a grandes abismos.

O pensador Maeterlinck costumava dizer: "Tudo quanto nos rodeia se torna anjo ou demônio, conforme o estado de nossa mente e de nosso coração".

O grande Buda já ensinava que tudo o que somos é o resultado do que temos pensado; que tudo nasce dos nossos pensamentos. Esta, a grande verdade!

É verdade que pelos caminhos da vida, repletos de veredas sinuosas, estamos sempre nos defrontando com situações difíceis. Isto é inevitável, face à nossa condição de espíritos ainda imperfeitos. E muitas vezes, diante das pedras e espinhos da caminhada, esquecemos o aprendizado cristão e nos tornamos inquietos, irritados, azedos mesmo. Perdemos a calma, como se diz na gíria. Depois, quando tudo passa, de sangue frio, refletimos e reconhecemos como fomos bobos e insensatos. Mas, infelizmente, tudo já foi dito, tudo já foi feito. E não há mais como desfazer. Diz o velho adágio que palavra dita e pancada dada, não há quem desfaça.

Todavia, podemos reparar os nossos erros.

O que nos falta nas horas do testemunho é simplesmente calma.

Isto nos faz lembrar a calma de Jesus diante da multidão irrequieta, esperando a distribuição de pães e peixes, no deserto. Vamos recordar? É muito significativa esta passagem do Evangelho.

Conta-nos João, o Evangelista (6:10), que uma multidão de quase 5 mil pessoas tinha necessidade de alimentos. Os discípulos estavam preocupados. Felipe chegou mesmo a dizer que 200 dinheiros não eram suficientes para comprar comida.

André, por sua vez, percebendo que em meio à multidão havia um jovem que trazia consigo apenas cinco pães de cevada e dois peixes, logo o conduziu à presença de Jesus. Todos se entreolhavam e discutiam, achando mesmo impossível que aquelas migalhas atendessem às necessidades do povo esfomeado.

Todavia, o Mestre, ao receber das mãos do jovem os pães e os peixes e reconhecendo a sua preciosa significação, com a serenidade que lhe era peculiar, pediu que todos se assentassem e que entre eles reinassem a ordem, a disciplina e a harmonia.

Em seguida, à vista espantada de todos, envolveu em suas mãos os peixes e os pães e os multiplicou aos milhares, determinando fossem postos nos cestos e distribuídos à multidão, extremamente faminta.

A lição é de uma grandeza espiritual incomparável!

A multidão, com certeza, não estava ali apenas para receber o alimento do corpo através dos pães e dos peixes, mas também, e principalmente, implorava a assistência espiritual de Jesus. E tudo leva a crer, no entanto, que o Mestre não andava tão preocupado em alimentá-la, materialmente falando. Aproveitou o ensejo da ceia substanciosa e, após, transmitiu-lhe os pães e os peixes do Evangelho. Para isso, convidou-a à calma. E ordenou aos seus discípulos "Mandai assentar os homens".

Diante dessa passagem evangélica, abordando o suposto milagre da multiplicação dos pães e dos peixes, verificamos que, apesar de já decorridos vinte séculos, todos nós ainda permanecemos carentes dos pães e dos peixes do Evangelho. Assim, só falta Jesus estar presente, aqui e agora, apontar para nós e dizer novamente o que disse aos seus discípulos: "Mandai assentar os homens!" – E diria: "Acalma-te! Aquieta-te!..."

Capítulo XVII

Ausência de fé

ABRIMOS UM PARÊNTESE PARA esclarecer que, no transcorrer da leitura deste livro, percebe-se que ele, de um modo geral, foi escrito para todas as pessoas; porém, especialmente para aquelas que neste instante continuam psicologicamente acorrentadas aos grilhões da ansiedade, quer seja esta natural, quer seja de natureza obsessiva, ou seja, provocada por criaturas desencarnadas e portadoras do mesmo mal.

É bom lembrar, novamente, que as causas da ansiedade não estão localizadas no cérebro, mas sim no Espírito.

Como voltamos a falar desse vírus espiritual, parece que as criaturas portadoras do problema são extremamente carentes de fé. E por conta disso mesmo, vivem flutuando no vácuo da crença e da descrença. E daí, um misto de ansiedade e tristeza. Com certeza, não confiam em Deus nem em si mesmas. São vazias. São inseguras. Isto gera um estado de espírito bastante desconfortável. E quando recebem orientação religiosa a respeito da fé, geralmente são informações deformadas, que não correspondem com a verdade. Como exemplo, um amigo nosso, por sinal muito ansioso, católico-apostólico-romano, costuma dizer, para se justificar, que o mais importante é viver pela fé. Parece mesmo um paradoxo, já que ele não a possui. Até que, estudioso, cita a epístola de Paulo aos Romanos (1:17): "Mas o justo viverá pela fé".

Contudo, é preciso saber o que o apóstolo dos gentios queria dizer com isso. Não seria que a fé teria de caminhar lado a lado com as obras?... O nosso amigo esqueceu a frase do apóstolo Tiago: "A fé sem obras é morta".

Tudo indica que viver pela fé, segundo a interpretação do amigo (e muita gente pensa como ele), que talvez não seja a correta, seria frequentar assiduamente os templos religiosos, adorar as imagens, participar do culto exterior, considerar os sacerdotes e pastores ministros de Deus, beatificar os pecadores, aceitar tacitamente os dogmas, bem assim cumprir literalmente as obrigações ritualísticas impostas pelas religiões tradicionais. No entendimento do nosso amigo (repito), o homem justo seria aquele que obedecesse a tais exigências. Todavia, facilmente se percebe que, nem sempre o excelente ritualista é também justo, benevolente, caridoso... Muitas vezes, é o contrário disso.

Não teria Paulo de Tarso querido dizer que o homem verdadeiramente justo é aquele que guarda fidelidade a Deus? O homem obediente às leis do Pai Celestial? - É bom refletir!..

Não se sabe o que se passa exatamente na cabeça das pessoas, menos ainda na do ansioso. É bem possível que ele, além de vacilante na fé, seja também materialista; que tenha até mesmo suas dúvidas em relação à imortalidade da alma. Não é de admirar que pense assim. Provavelmente, seja vítima de má educação religiosa.

Certamente, desconhece o conforto espiritual que nos acalenta, a fé na sobrevivência do espírito.

Conta-se que o escritor norte-americano, Norman Vincent Peale, do qual já falamos antes, ao perder sua genitora, ficou desesperado, porque ainda não possuía uma convicção bem estruturada sobre a vida pós-morte. A dúvida ainda pairava em seu espírito. Havia uma afinidade espiritual muito grande entre ambos. Era intensa a dor da separação. A solidão, a tristeza, a ansiedade minavam-lhe as energias.

Ele diz que um ano depois do falecimento dela, decidiu visitar seu túmulo no cemitério da pequena cidade de Lynchburg, no sul de Ohio, nos Estados Unidos. Ele confessou sentir indizível emoção ao abrir o velho portão de ferro do cemitério e se dirigir de passos firmes à sepultura de sua mãe. Sentou-se e contemplou o céu carregado de nuvens. A tristeza e a solidão voltaram a invadir-lhe a alma. Recordava sua infância, sua juventude, ao lado de sua doce e querida mãe, naquela encantadora cidade do interior, que há um ano não visitava.

Foi então que, inesperadamente, ouviu uma voz dentro dele, clara e bem distinta, numa tonalidade doce e suave, dizer-lhe: "Por que você procura os vivos entre os mortos? Eu não estou aqui. Julga que eu estaria neste lugar sombrio e triste? Estou sempre a seu lado, ao lado dos meus entes queridos".

Ele diz que se sentiu iluminado por uma luz interior. Uma felicidade ímpar invadiu-lhe o espírito, afastando definitivamente a tristeza e a solidão, porque tinha certeza de que a mensagem fora transmitida por sua mãe viva, e não morta. Sua alegria foi tamanha que teve ímpetos de gritar para o mundo inteiro e transmitir a emoção da força da imortalidade do espírito. Ele ergueu-se, pousou as mãos sobre o túmulo e o contemplou. "Era apenas um lugar onde jazem os restos mortais. Mas minha mãe, esse Espírito glorioso e amantíssimo, não se encontra mais aqui!.."

Norman Vincent Peale retornou, levando consigo a certeza da sobrevivência da alma após a morte. Sua querida mãe continuava sempre ao seu lado, protegendo-o, inspirando-o à prática das boas obras.

Bem dizia o célebre Victor Hugo: "Os mortos não são ausentes, mas, invisíveis".

O Evangelista Lucas (24:5) confirma essa realidade: "Por que procuras tu os vivos entre os mortos?"

Por que procurarmos os espíritos dos nossos falecidos nos cemitérios, se lá não há nenhum atrativo para eles?

Um fato curioso. Enquanto Norman Peale ouviu apenas em seu interior uma voz doce e suave a lhe falar, que ele atribuiu à sua genitora, há muito desencarnada, que ele, por sinal, dentro de sua formação protestante, poderia até mesmo atribuir o fato a um momento de alucinação, enquanto isso (repito) o caso que vamos narrar no próximo capítulo ocorreu de forma bem diferente.

Capítulo XVIII

Somos imortais

CAMILLE FLAMMARION, célebre astrônomo francês, médium e contemporâneo do mestre Allan Kardec, em sua portentosa obra *A morte e seus mistérios* (em três volumes: *Antes da morte, Durante a morte* e *Depois da morte*), narra e comenta centenas de fatos verídicos, um dos quais chamou a atenção.

Contou Flammarion que Dr. Arnoux, capacitado médico da comunidade de Gua-dalupe, enviou-lhe uma carta relatando fenômeno ocorrido com uma senhora sob os seus cuidados médicos que faleceu de febre perniciosa em apenas 48 horas, deixando o marido, a quem era muito ligada, e três filhos.

Aproximadamente às 4 horas da madrugada, o viúvo estava deitado em seu quarto no andar superior fumando um cigarro, para matar a saudade da querida esposa desencarnada havia apenas um mês quando de repente, escutou ruídos de passos vindos da escada em direção ao seu quarto. E cada vez mais os passos se aproximavam. Para surpresa sua, viu de olhos bem abertos a defunta sair da escada, caminhar lentamente pelo quarto e se dirigir ao oratório, onde se ajoelhou e orou por alguns instantes. Feito isso, voltou com a mesma lentidão de passos, passando por ele a uma pequena distância de um metro. O marido estendeu os braços para segurá-la pelo vestido, gritando e chamando-a pelo apelido "Luluta", como lhe era de hábito. Ela passou rapidamente, evitando-o. E disse-lhe em tom imperativo: "Sossega, Fernando". Dirigiu-se à escada e desapareceu como por encanto.

O marido, entre o desespero e a realidade, desceu imediatamente ao andar inferior pela mesma escada e verificou os quartos e demais aposentos, nada encontrando.

Não foi alucinação. Ele estava perfeitamente acordado e consciente. O marido poderia até pensar, segundo a crença religiosa tradicional, que a esposa teria retornado do inferno, do purgatório, ou até mesmo do céu. Mas, felizmente, não houve nada disso. Ela faleceu, levaram seu corpo para o cemitério, mas, em espírito, ficou dentro de casa, ainda com os mesmos costumes e hábitos.

O certo é que ninguém sabe por quanto tempo ela continuou participando da vida do lar doméstico, como se viva estivesse no corpo. Apenas o marido não lhe detectava a presença, mas nem por isso ela deixava de estar presente e ao seu lado.

Seria muito bom que as pessoas ansiosas compreendessem e sentissem a mensagem da imortalidade. Todos somos imortais.

Capítulo XIX

Venenos da alma

PROSSIGAMOS EM NOSSOS comentários. Joanna de Ângelis, mentora espiritual do médium Divaldo Franco, analisando os efeitos deletérios da ansiedade, em seu livro *O homem integral*, diz que esse mal trabalha contra a estabilidade do corpo e da emoção. Justamente, não é de outra forma. Claro, o processo se inicia pela desestabilização das forças emocionais, repercutindo nas estruturas orgânicas, inevitavelmente.

Para revigorar as forças da mente, a fim de deixá-la apta a combater aquele mal, precisamos estar sempre incorporando, em nosso acervo de conhecimentos, novos conceitos de vida. Em folhinha de bloco, de autor anônimo, anotamos estes:

1 - O tempo tem sido o melhor corretivo para todos os males.

2 - Toda fraqueza, do corpo ou do espírito, é uma enfermidade. Portanto, precisa de tratamento.

3 - São cinco as características da criatura antipática: a incompreensão, a intolerância, a rivalidade, o ciúme, a competição.

4 - As pessoas simpáticas criam em torno de si um polo magnético positivo de atração. As antipáticas, ao contrário, criam em sua volta um centro de forças negativas de repulsão.

5 - As cinco forças principais do espírito são: a paciência, a força de vontade, o bom ânimo, a coragem, a decisão.

Apenas como simples lembrete, gostaríamos de chamar a atenção de todos os que são vítimas da ansiedade: tenham cuidado para não se permitirem contaminar pelos venenos que podem intoxicar os espíritos distraídos. São eles: a revolta, o desespero, a tristeza, a raiva, a angústia, o pessimismo, a covardia moral, a intriga, o rancor, a rixa.

Observe-se que qualquer criatura, que se sentir intoxicada pelos venenos acima, não anda bem. Para não correr sérios riscos, precisa exercer urgentemente império sobre si mesmo, através de severa disciplina. Além disso, recorrer sempre ao apoio da prece aos benfeitores da Espiritualidade.

Contudo, temos de conquistar tesouros de virtudes, para balancear aqueles tóxicos da alma. A título de sugestão, indicamos estes: simplicidade, moderação, gratidão, compreensão, modéstia, previdência, prudência.

Voltamos a lembrar que o Evangelho ainda é e continuará sendo a melhor terapia para todos os males sociais, morais e espirituais.

A propósito, recordamos o conto "Um atrapalhado Evangelho" do livro *Lições eternas*, psicografado por Listz Rangel. Diz que uma família, antes de marcar o dia da semana para o culto do Evangelho no Lar, preveniu ao filho de cinco anos que Jesus estaria presente. Disse o pai: "Hoje, Jesus estará conosco, está bem?"

Aberto o livro, no capítulo X de *O Evangelho segundo o Espiritismo*, eis a lição: "Não julgueis para não serdes julgado". Feita a leitura e iniciando o comentário, o pai do menino disse que o dito ensinamento era de difícil prática. Sem perder a oportunidade, a esposa lembrou que o marido, no domingo passado, negara um copo de água a um moço, julgando que era um ladrão. E ainda reforçou: "Você está lembrado?"

O marido, que não quis ficar por baixo, contra-atacou: "E quando precisei trabalhar até tarde, você ficou telefonando para os meus amigos querendo saber se eu estava mesmo no escritório... Lembra?" Não demorou muito e a discussão ficou acirrada, e cada um lembrava os erros do outro.

Num instante, o garoto, tapando os ouvidos com os dedinhos, gritou: "Ei!!! Vocês não disseram que Jesus viria aqui? Então, é melhor parar, antes que ele chegue!..."

Eis aí, pois, uma bela lição de prática do Evangelho.

Os ansiosos devem estar lembrados de que a vida é repleta de surpresas, umas agradáveis e outras, na maioria, desagradáveis. É pena que seja assim. Mas, infelizmente, é a dura e crua realidade. Muitas vezes, por falta de um pouco de paciência, perdemos muita coisa.

A título de ilustração, vamos narrar um conto muito interessante. Conta-nos o Espírito Valérium, em seu livro *Bem-aventurados os simples*, pelo lápis mediúnico de Waldo Vieira, que um andarilho solitário caminhava exausto e com fome à margem de imenso rio. Blasfemando à vontade, irritado, nervoso, impaciente, xingava a todos, por se encontrar em situação de penúria, revelando o seu estado íntimo de extremada revolta.

Caminhando a passos lentos, viu algo na estrada que lhe chamou a atenção. - "Uma cédula!" Inclinou-se e apanhou-a, trêmulo. Era um bom dinheiro, só que a cédula estava enrolada e manchada. Todavia, para sua surpresa, era somente a metade da cédula, que, apesar de nova, inexplicavelmente fora cortada.

O mendigo, em vez de se acalmar e controlar os nervos, irrito-se ainda mais. Reclamando, amassou aquele pedaço da cédula e jogou-o à correnteza, num gesto de repudiável soberba.

Continuou caminhando. Mais adiante foi surpreendido por outro pedaço de papel no solo. Novamente, inclinou-se e o apanhou. Para sua desdita, era a outra metade da cédula que ele, nervoso, passos atrás, havia atirado ao rio. É que o vento separara a cédula em duas partes e ele, impaciente, não soube esperar apenas alguns instantes.

Eis aí, a quem interessar possa, uma boa lição de paciência!...

O espírito Valérium encerra: "Há sempre socorro às nossas necessidades. No entanto, até para receber o auxílio da Divina Bondade, ninguém prescinde da calma e da paciência".

Em muitos lances da nossa existência, nós nos assemelhamos àquele mendigo que, por não ter a paciência de alguns segundos, perdeu sua grande oportunidade.

Capítulo XX

O valor da educação

OS ANSIOSOS, GERALMENTE, são muito pessimistas. Dentro desse espaço negativo, que eles criaram para si mesmos, costumam dizer que para sua compulsão não há remédio. Como suas estruturas psíquicas se acham estremecidas pela ansiedade, eles não confiam em si mesmos. Logo, não confiam em ninguém.

Antes de tudo, o próprio ansioso deve aceitar-se como uma pessoa espiritualmente deseducada. Porque, do contrário, não teria caído na armadilha da ansiedade descontrolada. Com uma boa educação, formada por uma nova visão das coisas, visão verdadeiramente espírita-cristã, tendo por base o Evangelho, certamente teria conseguido administrar os seus impulsos ansiosos.

Parece que a boa educação está nas bases de todas as bem-sucedidas realizações humanas.

Acreditamos, sem a menor dúvida, na eficácia da educação, que de modo algum deve ser confundida com a instrução. Para os que ainda não sabem, a educação consiste na formação do caráter através do cultivo dos bons hábitos (os maus hábitos formam o mau caráter) e a instrução consiste na aquisição cultural. É a instrução conseguida em colégios ou através de leituras. Basta dizer que a instrução não dá a educação, que é essencialmente moral. De modo que um indivíduo pode, por exemplo, ser instruído e até mesmo erudito e, todavia, ser estúpido e imoral. É bom discernir as coisas.

Por falar nisso, recordamos uma antiga lenda latina, da maçã podre, que bem retrata as necessidades educacionais das criaturas e dos povos.

Esta lenda é da autoria do Espírito Humberto de Campos (Irmão X), constante do livro *Novas mensagens*, psicografado pelo médium Francisco Cândido Xavier.

Não obstante, conhecemo-la e vamos narrá-la com as nossas próprias palavras.

Conta que um grupo de velhos patrícios romanos, reunidos em praça pública, comentavam sobre a queda do Império Romano do Ocidente, cuja causa, segundo eles, teria sido a decadência dos bons costumes em família na velha Roma. Alguns deles, otimistas e cheios de esperanças, alegavam que somente a guerra e a força de novos decretos-leis conseguiriam resolver o grave problema.

Todavia, um daqueles patrícios, certamente o mais preocupado com a situação, tomou de uma grande maçã podre e disse bem expressivo: "Esta maçã, meus amigos, é o símbolo do atual Império. Nunca mais voltaremos ao seio das nossas antigas tradições!..." – E acrescentou: "No dia em que esta fruta voltasse a ser bela, retomando a sua pureza primitiva, também nós teríamos restaurado a alegria de nossa vida, com a volta aos sagrados costumes!..."

Os demais patrícios escutavam com curiosa atenção. Um deles, porém, o mais velho e mais experiente, respondeu com invejável nobreza: "Enganai-vos, meu amigo!... Poderemos renovar a nossa vida, como essa fruta poderá vir, mais tarde, a ser nova e bela. Tomemos as sementes desta maçã condenada e deitemo-las, de novo, no seio da terra generosa".

Entusiamado com a nova ideia, prosseguiu o sábio: "Cultivemos os seus rebentos com cuidado e amor e, sob o amparo do tempo, o nosso esforço vê-la-á multiplicada em novas maçãs frescas e formosas!... Façamos assim também com o nosso povo. Busquemos semear na ala das gerações florescentes os princípios sagrados de nossas tradições e dos nossos hábitos e, mais tarde, toda podridão terá passado na esteira do tempo, para caminharmos pelo futuro com a pureza do nosso idealismo!"

Aí está, pois, perfeitamente delineada a eficácia da educação.

Parece ser o caso dos ansiosos.

Para eles, não seria o caso de adotarem em suas vidas a evangelhoterapia, que certamente lhes traria a semente sadia da boa educação moral e espiritual?

Joanna de Ângelis, em sua obra já citada, em que analisa o comportamento do homem, isolado, em grupos, ou mesmo na sociedade globalizada, análise que ela faz com invejável agudez filosófica e psicológica, diz: "São válidas, para este momento de ansiedade, de insatisfação, de tormento, as lições do Cristo sobre o amor ao próximo, a solidariedade fraternal, a compaixão, ao lado da oração, geradora de energias otimistas e da fé, propiciadora de equilíbrio e paz, para uma vida realmente feliz, que baste ao homem conforme se apresente, sem as disputas conflitantes do passado, nem a acomodação coletivista do presente".

Após meditar sobre os conceitos cristãos acima, recordamos um conto interessante (sem o nome do seu autor), "Pegadas na areia", que reflete bem o estado emocional dos ansiosos. A história é assim: "Um dia eu tive um sonho... Sonhei que estava andando na praia com o Senhor e no céu passavam cenas da minha vida..."

"Para cada cena que passava" - continua o autor desconhecido - "percebia que eram deixados dois pares de pegadas na areia: pegadas dos meus passos e do meu Senhor. Quando a última cena da minha vida passou diante de nós, olhei para trás, para as pegadas na areia, e notei que muitas vezes, no caminho da minha vida, havia apenas um par de pegadas na areia. Então, perguntei ao divino Amigo:

"– Senhor, tu não me disseste que, tendo eu resolvido te seguir, tu andarias sempre comigo, em todo meu caminho? Contudo, notei que durante as maiores tribulações do meu viver, havia apenas um par de pegadas na areia. Não compreendo por que nas horas em que eu mais necessitava de ti, tu me deixaste sozinho...

"Ao que o senhor respondeu:

"– Meu querido filho! Jamais te deixaria nas horas da prova e do sofrimento! Quando viste, na areia apenas um par de pegadas, eram as minhas. Foi exatamente aí que te carregava nos braços".

VALE REFLETIR!...